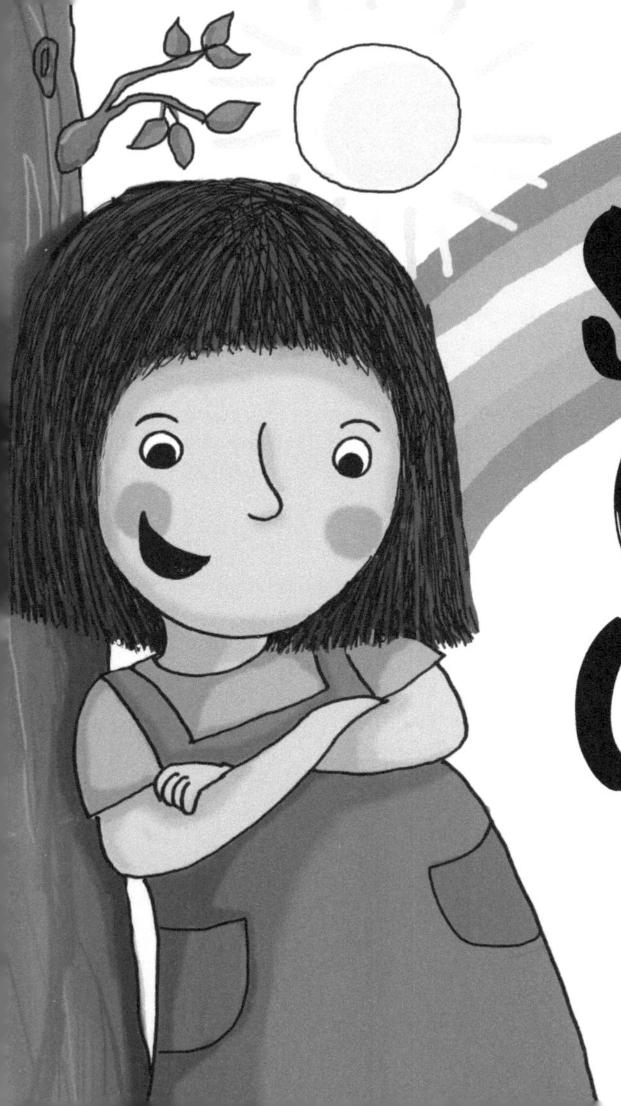

BAND 22 BILDER

SOWAS!

macht Kinder zu Experten für sich selbst

Sigrun Eder
Hannah-Marie Heine
Evi Gasser

STARK GEGEN GEWALT

Selbstbewusst eskalierende Konflikte erkennen und Gewalt kindgerecht stoppen

Bibliografische Information der Deutschen Nationalbibliothek
Die Deutsche Nationalbibliothek verzeichnet diese Publikation in der Deutschen Nationalbibliografie; detaillierte bibliografische Daten sind im Internet über http://dnb.d-nb.de abrufbar.

1. Auflage November 2019

Verlagsanschrift Anton-Hochmuth-Straße 8, 5020 Salzburg, Österreich
Internet www.editionriedenburg.at
E-Mail verlag@editionriedenburg.at

Lektorat Dr. Heike Wolter, Regensburg
Fachlektorat Mag. (FH) Pamela Heil, Isabella Grundnig, BA
Satz und Layout edition riedenburg
Herstellung Books on Demand GmbH, Norderstedt

ISBN 978-3-99082-034-6

Inhalt

Hallo du!

Ich bin Frieda. Mein Papa ist in letzter Zeit ziemlich gestresst und wird deshalb schnell wütend. In seiner Donnerwetter-Stimmung kann er richtig gemein und grob werden. Nicht einmal Mama wusste, was wir dagegen tun können. Zum Glück gab es neulich in der Schule ein Projekt zum Thema Kinderrechte. Nach dem Unterricht habe ich meinen ganzen Mut zusammengenommen und jemandem von Papas Donnerwetter-Stimmung erzählt. Uns geht es jetzt viel besser. Auch Papa bekommt Hilfe und lernt, wie er seine Wut besser kontrollieren kann.

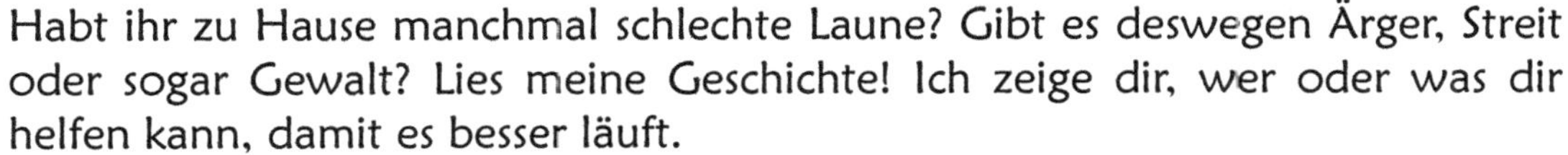

Habt ihr zu Hause manchmal schlechte Laune? Gibt es deswegen Ärger, Streit oder sogar Gewalt? Lies meine Geschichte! Ich zeige dir, wer oder was dir helfen kann, damit es besser läuft.

Auf den Mit-Mach-Seiten darfst du selbst schreiben und malen. Hier findest du zunächst heraus, warum es bei uns daheim so schlimm zugegangen ist. Danach erfährst du mehr über deine eigene Familie und ihre Regeln. Außerdem erkläre ich dir, wie du einen Streit von einem Konflikt unterscheidest und wie du Gewalt innerhalb und außerhalb der Familie erkennen und stoppen kannst.

Fang gleich an zu lesen! Am besten gemeinsam mit jemandem, den du magst und der dich versteht. Mit mir wirst du zum/zur aktiven Konfliklöser/Konfliktlöserin und kannst auch anderen dabei helfen, Konflikte gewaltfrei zu lösen.

Deine Frieda

Das ist Frieda mit ihrer Familie. Friedas Mama liebt es, Rätsel zu lösen und zu backen. Sie zaubert die leckersten Torten der Welt.

Friedas kleine Schwester Lara mag Tiere mit weichem Fell. Ihren Kuschelhasen nimmt sie überallhin mit. Mike ist der Älteste. Er spielt Fußball. Mit seiner Mannschaft hat er bereits einen Pokal gewonnen.

Friedas Papa kann gut vorlesen. Dabei verstellt er seine Stimme so lustig, dass sich Frieda, Lara und Mike kringelig lachen.

Seit einiger Zeit ist Papa anders. Er erzählt häufig, dass ihn die Arbeit in der Firma stresst und unglücklich macht. Auch wird Papa jetzt viel schneller wütend als früher und droht gemeine Strafen an.

Wenn Papa in dieser Donnerwetter-Stimmung ist, machen sich Frieda, Lara und Mike möglichst unsichtbar. Papa soll bloß keinen Grund finden, sich aufzuregen!

Im Unsichtbar-Modus schleicht Frieda auf Zehenspitzen durch das Haus. Lara isst ganz vorsichtig, damit sie nicht kleckert. Mike lässt seinen Fußball in Ruhe und verschwindet in seinem Zimmer. Und Mama versucht, Papa jeden Wunsch von den Lippen abzulesen.

Auf diese Weise hoffen alle, dass das Donnerwetter nicht losbricht.

Heute hat Papa Schönwetter-Laune. Er pfeift und lacht und erzählt beim Essen sogar Witze.

Beim Tischabräumen zieht er Mama an sich und umarmt sie. Lara wird von Papa durch die Luft gewirbelt und Frieda bekommt einen Kuss. Dann rennen Papa, Mike und Lara in den Garten und spielen Fußball.

Frieda setzt sich an den Küchentisch und macht ihre Hausaufgaben. Sie ist froh, dass Papa heute gute Laune hat, denn so kann sie sich besser konzentrieren.

Frieda fragt sich, warum Papa nicht öfters fröhlich und gut gelaunt ist. Wenn es nach Frieda ginge, dürfte der Donnerwetter-Papa ganz verschwinden.

Doch schon am Abend streiten Mama und Papa wieder. Blitzschnell hat sich Papa in den Donnerwetter-Papa verwandelt. „Marsch, auf eure Zimmer!“, befiehlt er.

Lara schluchzt. Frieda nimmt ihre kleine Schwester Huckepack und trägt sie die Treppe hoch. Sie hilft Lara beim Umziehen und Zähneputzen und geht mit ihr auf die Toilette.

Dann schließt Frieda leise die Kinderzimmertüre hinter sich und liest Lara noch eine Geschichte vor, bis sie tief und fest schläft.

Später schleicht Frieda auf Zehenspitzen nach unten. Mama sitzt am Tisch und hat den Kopf in ihre Hände gelegt.

Frieda erschrickt, als sie Mamas Tränen sieht. „Was ist passiert?“, fragt Frieda. „Nichts“, sagt Mama und starrt Löcher in die Luft. Frieda drückt Mama einmal ganz fest an sich.

Dann macht sie sich fertig zum Schlafengehen und kuschelt sich in ihr Bett. Frieda liegt noch lange wach und starrt wütend an die Zimmerdecke. „Wann hört Papa endlich auf, so gemein zu sein? Alle leiden unter dem Donnerwetter!“, denkt sie sich.

Was ist passiert?

Am nächsten Tag legt sich Mike mit Papa an. „Wir können doch auch nichts dafür, dass du so wütend bist", brüllt Mike. Da wird Papa noch viel wütender und schlägt Mike plötzlich ins Gesicht.

Mama regt sich schrecklich auf und schickt Papa aus dem Haus. Doch wenig später ist Papa wieder da und tut so, als ob nichts war.

Dass vorhin etwas passiert ist, sieht man auf der Wange von Mike. Dort ist nämlich ein blauer Fleck. Nicht groß, aber unübersehbar.

Frieda will ihrer besten Freundin davon erzählen, doch Mike ist dagegen. „Behalte unser Geheimnis für dich. Wer weiß, was sonst passiert", flüstert er seiner Schwester zu.

Sobald Papa in Donnerwetter-Stimmung ist, hat in der Familie niemand mehr gute Laune.

Lara versteckt sich meistens unter ihrem Bett und drückt den Schnuffelhasen ganz fest an sich.

Auch Frieda würde sich liebend gerne an einem sicheren Ort verkriechen, doch sie weiß nicht wo. Mit dem Donnerwetter-Papa fühlt sie sich jedes Mal so, als ob alles in ihr erstarrt und zu Eis gefriert.

Mike dagegen hört Musik, blickt finster drein und verbringt den restlichen Tag schweigend in seinem Zimmer.

Und Mama? Sie versucht, Papa jeden Wunsch von den Augen abzulesen, um ihn zu beruhigen.

Am Wochenende sitzen alle am Frühstückstisch in der Küche. Eigentlich ist die Stimmung gut. Doch als Mama Papa bittet, den Rasen zu mähen, bekommt Papa eine ziemlich große Grummelfalte auf der Stirn.

Mama will Papa beruhigen und sagt schnell, dass sie selber mähen wird – doch zu spät! Der Donnerwetter-Papa ist da. Schimpfend springt er auf und flucht: „Ich hab doch schon genug Stress!" Dabei kippt sogar sein Sessel um.

Mama will ihn wieder aufstellen, aber Papa stellt sich in den Weg. Er packt Mama am Arm. Mama reißt sich los. Da gibt Papa Mama einen heftigen Schubs und Mama fällt hin.

Frieda hält das alles nicht mehr aus. Sie schnappt sich einen Teller und knallt ihn auf den Boden. Er zerspringt in tausend Scherben. „Stopp!", schreit Frieda.

Frieda schreit so laut sie kann. „Hör auf!“, donnert Papa. Mike versucht, Frieda den Mund zuzuhalten. Aber Frieda kann nicht aufhören.

Da kommt Papa auf sie zu. Wütend schüttelt er sie. „Es reicht, Frieda!“, donnert er und gibt ihr eine Ohrfeige. Jetzt ist Frieda still.

„Das sage ich Friedas Lehrerin!“, ruft Mike. Papa bekommt seine Wutfalte im Gesicht. Dann packt er Mike beim Kragen und brüllt: „Das geht niemanden etwas an. Im Streit kann einem schon mal die Hand ausrutschen!“

Mike ist ganz blass geworden. Er versucht, sich zu wehren, aber Papa lässt ihn nicht los. „Wehe, du erzählst irgendwem davon, dann kannst du was erleben!“, droht Papa. Er schaut sich um. „Das gilt für jeden von euch.“

Frieda, Lara und Mama nicken erschrocken.

Wehe,
du erzählst
irgendwem
davon!

In der Schule hat Frieda heute keinen normalen Unterricht. Eine Schulsozialarbeiterin besucht Friedas Klasse. Sie heißt Ines und erklärt die Kinderrechte.

Es geht darum, auf welche Weise sich Kinder vor Gewalt schützen können. „Das ist wie bei uns“, denkt Frieda, als sie hört, was andere Kinder zu Hause erleben.

Am Ende der Stunde bietet Ines an, dass man sich bei ihr Hilfe holen kann. Frieda fühlt sich hin- und hergerissen „Soll ich mich trauen, von Papas Drohung zu erzählen?“, fragt sie sich. In ihrem Kopf kreisen viele Gedanken umher.

Schutz vor Gewalt
Soll ich mich trauen?

Nach dem Kinderrechte-Workshop rennen alle Kinder nach draußen. Nur Frieda lässt sich beim Rucksackpacken besonders viel Zeit. Als sie fertig ist, geht sie einen kleinen Schritt auf Ines zu. Friedas Herz klopft ganz laut.

„Alles okay bei dir?“, fragt Ines und lächelt. Frieda blickt zu Boden. Sie schüttelt den Kopf. „Komm, wir gehen ins Sprechzimmer. Dort können wir ungestört reden“, schlägt Ines vor.

Im Sprechzimmer angekommen nimmt Frieda all ihren Mut zusammen. „Kannst du ein Geheimnis für dich behalten?“, fragt sie. Ines nickt. „Das kann ich sehr gut. Außer, wenn ich das Gefühl habe, dass jemand in Gefahr ist. Dann muss ich Hilfe holen.“

Frieda merkt schnell, dass sie Ines vertrauen kann und erzählt. Von Papa und davon, was passiert, wenn er in Donnerwetter-Stimmung ist. „Du bist sehr mutig. Es ist gut, dass du mir alles erzählt hast“, sagt Ines. „Ihr braucht dringend Schutz und Hilfe.“

Kannst du ein Geheimnis für dich behalten?

Als Frieda heimkommt, nimmt Mama sie fest in den Arm. Die Schule hat angerufen.

Mama weint ein bisschen. „Entschuldige, Frieda!“, sagt sie. „Eigentlich hätte ich Hilfe holen sollen, nicht du. Doch die Angst hat mich ganz klein und schwach gemacht.“

Frieda kennt dieses Gefühl nur zu gut. Sie ist froh, dass sie Ines vom Donnerwetter-Papa erzählt hat.

Abends fällt Frieda das Einschlafen ungewohnt leicht. Anstatt wie sonst von fiesen Schattenmonstern zu träumen, hat Frieda diesmal magische Zauberkräfte. Sie reitet auf einem Löwen und ist unbesiegbar.

Eigentlich hätte ich Hilfe holen sollen.

„Was passiert jetzt?“, will Frieda von Ines wissen, als sie sich am nächsten Tag mit ihr in der Schule trifft.

„Wir gehen zur Direktorin. Sie wird eine Gefährdungsmeldung machen“, sagt Ines. „Meine KollegInnen von der Kinder- und Jugendhilfe kommen später auch dazu, um mit dir zu sprechen. Wenn du willst, kann ich dabei sein.“

Frieda nickt. „Und was passiert dann?“, möchte sie wissen.

„Dann besuchen euch die SozialarbeiterInnen von der Kinder- und Jugendhilfe zu Hause“, sagt Ines. „Sie sind für den Schutz von Kindern verantwortlich, wenn Gewalt passiert. Deshalb werden sie mit jedem von euch reden und überlegen, wie sie euch helfen können.“

2A
GEFÄHRDUNGS-
MELDUNG

„Ding, dong“, läutet es am nächsten Morgen bei Friedas Familie. Papa erwartet den Paketboten und öffnet die Tür. Doch statt dem Paketboten kommen eine Frau und ein Mann herein. Es sind die SozialarbeiterInnen von der Kinder- und Jugendhilfe.

Papa wundert sich. Zuerst reden alle gemeinsam und dann alleine mit den Sozialarbeitern über den Donnerwetter-Papa. Und darüber, was passiert ist.

Das dauert lange. Niemand geht heute mehr in die Schule oder zur Arbeit. Zwischendurch wird Papa wütend. Doch gleich darauf ist er wieder traurig.

Mit leiser Stimme sagt Papa: „Es tut mir leid. Ich habe meine Wut an euch ausgelassen. Dabei habe ich euch doch so lieb! Ich will das nicht mehr.“

Frieda hofft, dass alles wieder gut wird.

Ich habe meine Wut an euch ausgelassen.

Nach dem Gespräch packt Papa seine wichtigsten Sachen in einen Koffer. „Was machst du?“, fragt Frieda.

„Ich werde eine Weile woanders wohnen“, erklärt Papa. „Ich muss lernen, meine Wut zu bändigen.“

Lara krabbelt zu Mama auf den Schoß. Mama streichelt ihr über den Kopf. „So lange Papa nicht mehr zu Hause wohnt, könnt ihr mit ihm regelmäßig am Wochenende etwas unternehmen“, sagt sie.

Mit den SozialarbeiterInnen macht Mama weitere Termine aus. Und dann holt sie Pizza vom Lieblingsitaliener, weil Mike, Lara und Frieda inzwischen Riesenhunger bekommen haben.

Was machst du?
Ich werde eine Weile woanders wohnen.

Papa wohnt jetzt bei seiner Schwester. Das ist ganz schön ungewohnt für die Familie. Jeden Tag telefoniert Papa mit Mama, Frieda, Mike und Lara. Er erzählt, dass er nach der Arbeit viel Sport macht und zur Psychotherapie geht.

In der Psychotherapie lernt Papa ganz viel über sich und seine Gefühle. Und darüber, wie er mit Stress und Wut besser umgehen kann.

„Ich möchte nicht mehr der Donnerwetter-Papa sein", sagt Papa. „Ich habe euch wirklich lieb und strenge mich an, damit ich schon bald wieder nach Hause komme."

„Gehen wir am Samstag gemeinsam in den Park?", fragt Frieda.

Alle finden den Vorschlag gut.

Nun kennst du meine Geschichte. Die folgenden Mit-Mach-Seiten sind nur für dich!

Sie helfen dir, die Situation bei mir zu Hause noch besser zu verstehen.

Magst du es bunt? Dann male die Bilder der Mit-Mach-Seiten bunt aus. Hol dir deine Stifte und leg los!

Frieda hat Angst vor dem Donnerwetter-Papa. Wovor genau hat sie Angst? Schreibe/Male es auf.

Wodurch verschlimmert Papa die Situation zu Hause? Kreuze an.

- ◯ Er bringt schlechte Laune nach Hause.
- ◯ Er lässt die schlechte Laune an seiner Familie aus.
- ◯ Er spricht im Befehlston.
- ◯ Er bringt jemanden zum Weinen.
- ◯ Er macht Familienmitgliedern Angst.
- ◯ Er droht.
- ◯ Er wird grob.

Wen hat Papa in der Donnerwetter-Stimmung verletzt? Wie hat er das gemacht? Schreibe/Male es auf.

Was von dem, was Frieda erlebt und beobachtet hat, findest du am schlimmsten?

Stell dir vor, du könntest für eine Weile Frieda sein. Was hättest du genauso getan wie sie? Was hättest du anders gemacht? Schreibe/Male es auf.

Was muss Friedas Papa lernen? Male die für dich wichtigsten Ziele bunt an.

Schutz vor Gewalt in der Familie ist ein Kinderrecht.
Wer Gewalt in der Familie und anderswo anwendet, muss damit aufhören.
In die leere Glühbirne kannst du weitere Ziele aufschreiben/aufmalen.

Was braucht jeder in Friedas Familie, damit es ihr/ihm besser geht? Schreibe/Male es auf.

Auf den nächsten Mit-
Mach-Seiten geht es um dich.
Wobei fühlst du dich wohl und was machst
du am liebsten? Hast du gute oder schlechte
Geheimnisse? Wem vertraust du und wer hilft dir,
wenn du Sorgen hast? Wer gehört zu deiner Familie und
welche Regeln gibt es bei euch? Wie ist die Stimmung zu
Hause? Gab es schon einmal Donnerwetter-Stimmung
und wenn ja, was kannst du dagegen tun?

Schreibe/Male alles auf. Los geht's!

Welche Jahreszeit magst du am liebsten?
Kreuze an.

Was ist in deiner Wunsch-Jahreszeit alles besser für dich? Schreibe/Male es auf.

Was machst du, um dich zu entspannen? Kreuze an.

- ◯ lesen
- ◯ Freunde treffen
- ◯ in die Luft schauen
- ◯ Sport machen
- ◯ Musik hören
- ◯ malen

Hast du einen Ort in deiner Fantasie, an dem du dich sicher und wohlfühlst? Kreuze an.

◯ Ja ◯ Nein

Wenn ja: Wie sieht er aus? Schreibe/Male ihn auf.

Du hast noch keinen Wohlfühlort? Dann erfinde dir einen. Schreibe/Male ihn auf. Denk daran: Es soll ein Ort sein, zu dem nur du Zugang hast.

Weißt du, was ein gutes Geheimnis ist? Schreibe und/oder male eines auf.

Weißt du, was ein schlechtes Geheimnis ist? Schreibe und/oder male eines auf.

Wem vertraust du besonders? Kreuze an.

- [ ] Freundin. Sie heißt ____________________ .
- [ ] Freund. Er heißt ____________________ .

☐	Schwester	☐	Tante
☐	Bruder	☐	Onkel
☐	Mama	☐	Oma
☐	Papa	☐	Opa

Welche Erwachsenen können dir in deiner Schule bei Kummer und Sorgen helfen? Kreuze an.

- ☐ Lehrer/Lehrerin. Er/sie heißt ______________________ .
- ☐ Schulsozialarbeiter/Schulsozialarbeiterin. Er/sie heißt ______________________ .
- ☐ Psychologe/Psychologin. Er/sie heißt ______________________ .
- ☐ Schularzt/Schulärztin. Er/sie heißt ______________________ .
- ☐ Vertrauenslehrer/Vertrauenslehrerin. Er/sie heißt ______________________ .
- ☐ ______________________ . Er/sie ist der/die ______________________ an meiner Schule.

Wer gehört zu deiner Familie? Male die zutreffenden Herzen bunt an und verbinde sie mit dir.

Was kann jedes Familienmitglied besonders gut oder weniger gut?
Schreibe mindestens eine Sache auf.

Name

Stell dir vor, ein Zauberer verwandelt deine Familie in Tiere. Welches Tier wärst du? Male es auf.

Welche Tiere wären deine Eltern und Geschwister? Male alles auf.

Welche Familienregeln gibt es bei euch? Schreibe die drei wichtigsten auf.

Welche Familien-Regel ist am leichtesten einzuhalten?

Welche Regel kannst du nur besonders schwer befolgen?

Was passiert, wenn du eine Familienregel missachtest? Schreibe/Male es auf.

Wie verhalten sich deine Eltern dir gegenüber? Wie verhalten sich deine Eltern untereinander? Wie verhaltet ihr euch als Geschwister? Schreibe/Male es auf.

**Wie ist meistens die Stimmung in deiner Familie?
Male die zutreffende(n) Stimmung(en) bunt an.**

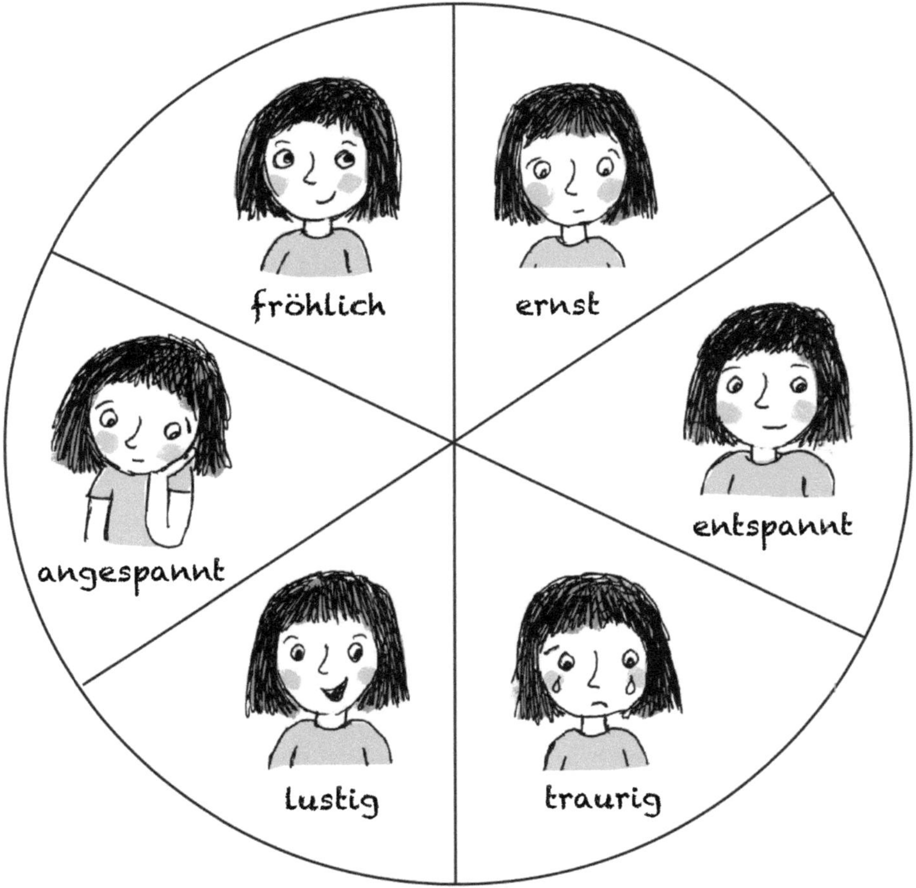

fröhlich

ernst

angespannt

entspannt

lustig

traurig

Wie ist deine Stimmung jetzt? Kreise ein.

Wie fühlst du dich, wenn dein Papa, deine Mama oder jemand anderes in Donnerwetter-Stimmung gerät? Kreuze an.

wütend ◯ | ängstlich ◯ | fröhlich ◯ | traurig ◯ | hilflos ◯ | allein ◯

Wie stark ist das Gefühl? Kreuze an.

Wie kannst du dich vor der Donnerwetter-Stimmung zu Hause schützen? Kreuze an.

Stopp sagen

Vertrauensperson anrufen

zu Hause verstecken

Schulsozialarbeiterin treffen

zum Kinderschutzzentrum gehen

Welche Erinnerungen hast du wegen der Donnerwetter-Stimmung an zu Hause? Kreuze an.

Male ein Behältnis. In dieses kannst du deine weniger guten und sehr schlechten Erinnerungen vorübergehend geben.

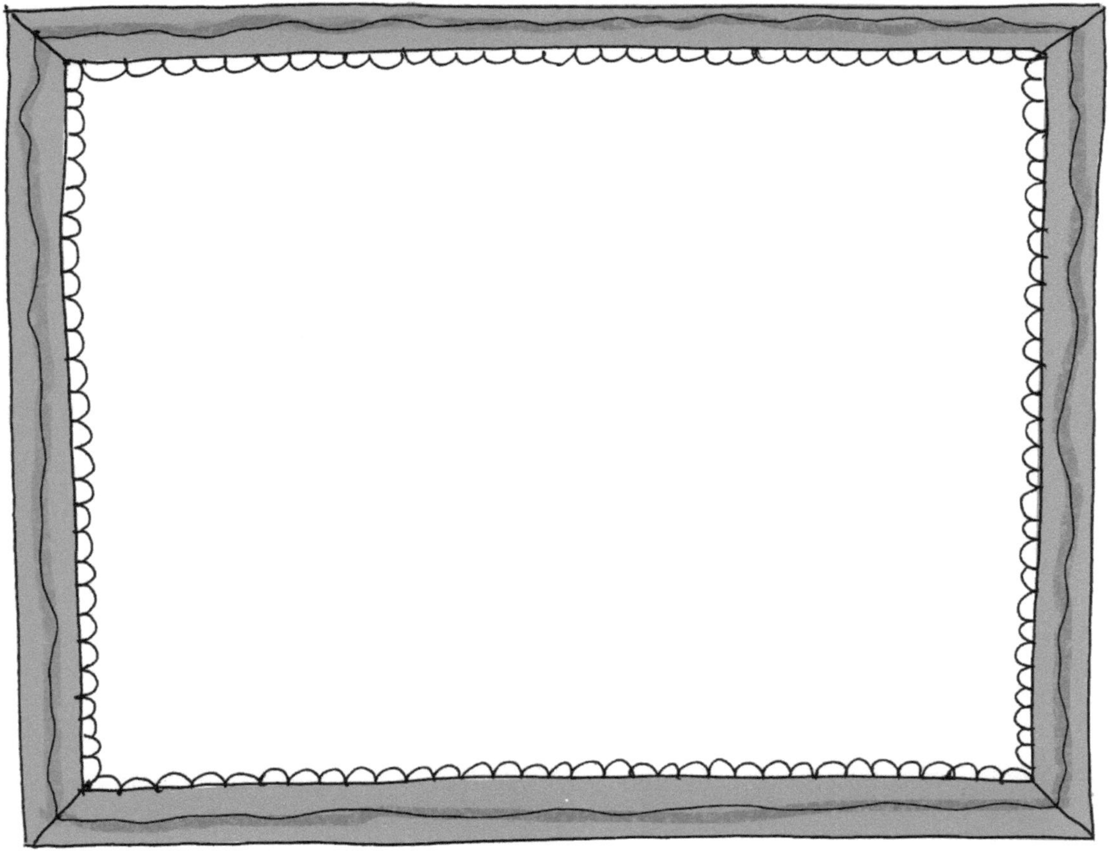

Wenn du für genug Abstand zwischen dir und diesen Erinnerungen sorgen kannst, darfst du sie wieder einzeln herausholen.

Wenn dir eine Fee drei Wünsche erfüllen könnte, welche wären das? Schreibe/Male sie auf.

Die folgenden Mit-Mach-Seiten helfen dir, verschiedene Arten von Gewalt zu erkennen und zu stoppen. Merk dir: Gewalt geht immer von einer Person aus, die sich gewalttätig verhält. Egal, ob dich jemand schlechtmacht, bedroht oder verletzt: Trau dich und mach dich gegen die Gewalt stark! Dafür brauchst du Mut und Unterstützung. Am besten, du bittest Erwachsene um Hilfe, die du magst. Gewalt ist ein schlechtes Geheimnis. Deshalb darfst du immer darüber sprechen.

Wie selbstbewusst bist du jetzt gerade?

Wie selbstbewusst möchtest du gerne sein?

Was brauchst du, damit du dich selbstbewusst fühlen kannst? Schreibe/Male es auf.

Stell dir vor, du bist plötzlich so selbstbewusst, wie du sein möchtest: Was wäre dann alles anders in deinem Leben? Wem würde es wie auffallen? Schreibe/Male es auf.

Kennst du den Unterschied zwischen Streit und Konflikt? Verbinde die zusammengehörenden Sätze.

Beim Streit prallen unterschiedliche Meinungen aufeinander

Ein Streit ist wie ein Gewitter

Bei einem Konflikt fühlt man sich

Ein Konflikt kann eskalieren, wenn die Stimmung feindselig ist

Ein Konflikt beginnt

Ein Streit kann am besten mit einer aufrichtigen Entschuldigung

Aus einem Streit wird rasch ein Konflikt,

mit einem ungeklärten Streit.
das sich verzieht.
und der Umgang miteinander angespannt.
wenn er absichtlich verschlimmert wird.
und dem Willen, sich zu versöhnen, dauerhaft geklärt werden.
durch die andere Person eingeschränkt.
ohne dass eine feindselige Stimmung aufkommt.

Angenommen, jemand provoziert dich oder lässt seine schlechte Laune an dir aus. Wie kannst du diese Situation clever und gewaltfrei lösen? Schreibe/Male es auf.

Konflikte können eskalieren. Eigne dir einige neue Fähigkeiten an, damit dir das nicht passiert. Welche drei Fähigkeiten hättest du am liebsten? Kreuze an.

Welche Gewalt hast du selbst schon erlebt? Kreuze an und beschreibe.

○ Körperliche Gewalt

Körperliche Gewalt ist, wenn Menschen Andere verletzen durch z.B. schlagen, schubsen, treten oder an den Haaren ziehen.

Mir ist Folgendes passiert:

Da war ich ____ Jahre alt.

Es ist ☐ einmal ☐ öfters ☐ regelmäßig passiert.

☐ Es ist vorbei. ☐ Es passiert noch immer.

So hat es aufgehört:

Ich würde alles wieder gleich machen ☐ Ja ☐ Nein

Jetzt möchte ich diese Situation anders lösen, nämlich so:

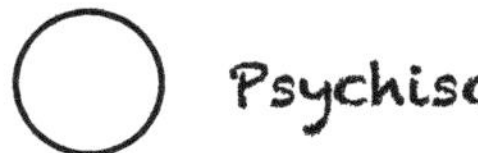

Psychische Gewalt

Psychische Gewalt ist, wenn Menschen Andere mit Schimpfworten, Hänseleien, fiesen Kommentaren oder „wie Luft behandeln" verletzen.

Mir ist Folgendes passiert:

Da war ich ____ Jahre alt.

Es ist ☐ einmal ☐ öfters ☐ regelmäßig passiert.

☐ Es ist vorbei. ☐ Es passiert noch immer.

So hat es aufgehört:

Ich würde alles wieder gleich machen ☐ Ja ☐ Nein

Jetzt möchte ich diese Situation anders lösen, nämlich so:

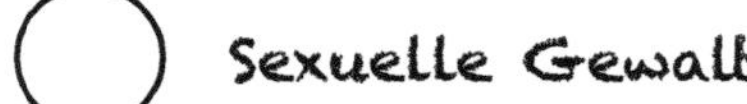

Sexuelle Gewalt

Sexuelle Gewalt ist, wenn Menschen jüngere oder abhängige Menschen zu unangenehmen Berührungen oder Handlungen über oder unter der Gürtellinie zwingen.

Mir ist Folgendes passiert:

Da war ich ____ Jahre alt.

Es ist ☐ einmal ☐ öfters ☐ regelmäßig passiert.

☐ Es ist vorbei. ☐ Es passiert noch immer.

So hat es aufgehört:

Ich würde alles wieder gleich machen ☐ Ja ☐ Nein

Jetzt möchte ich diese Situation anders lösen, nämlich so:

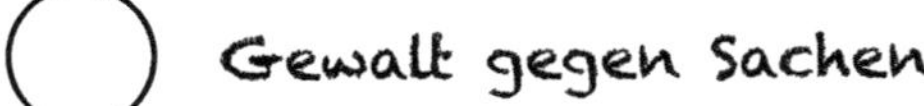

Gewalt gegen Sachen

Sachbeschädigung ist es, wenn Menschen aus Spaß das Eigentum Anderer absichtlich zerstören. Es kommt aber auch vor, dass jemand aus Rachegefühlen oder um den Konfliktpartner zu ängstigen, persönliche Sachen beschädigt.

Mir ist Folgendes passiert:

Da war ich _____ Jahre alt.

Es ist ☐ einmal ☐ öfters ☐ regelmäßig passiert.

☐ Es ist vorbei. ☐ Es passiert noch immer.

So hat es aufgehört:

Ich würde alles wieder gleich machen ☐ Ja ☐ Nein

Jetzt möchte ich diese Situation anders lösen, nämlich so:

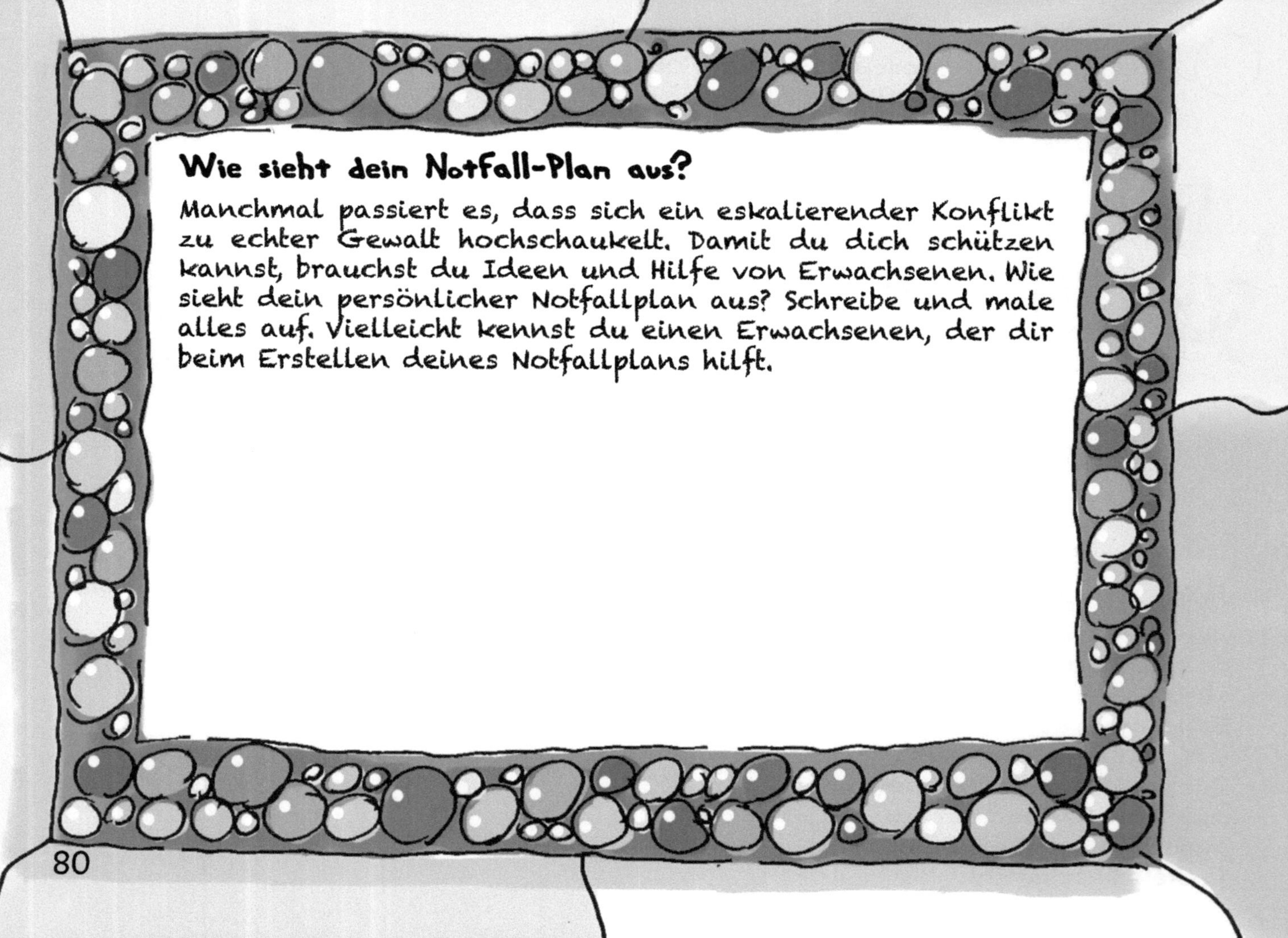

Wie sieht dein Notfall-Plan aus?

Manchmal passiert es, dass sich ein eskalierender Konflikt zu echter Gewalt hochschaukelt. Damit du dich schützen kannst, brauchst du Ideen und Hilfe von Erwachsenen. Wie sieht dein persönlicher Notfallplan aus? Schreibe und male alles auf. Vielleicht kennst du einen Erwachsenen, der dir beim Erstellen deines Notfallplans hilft.

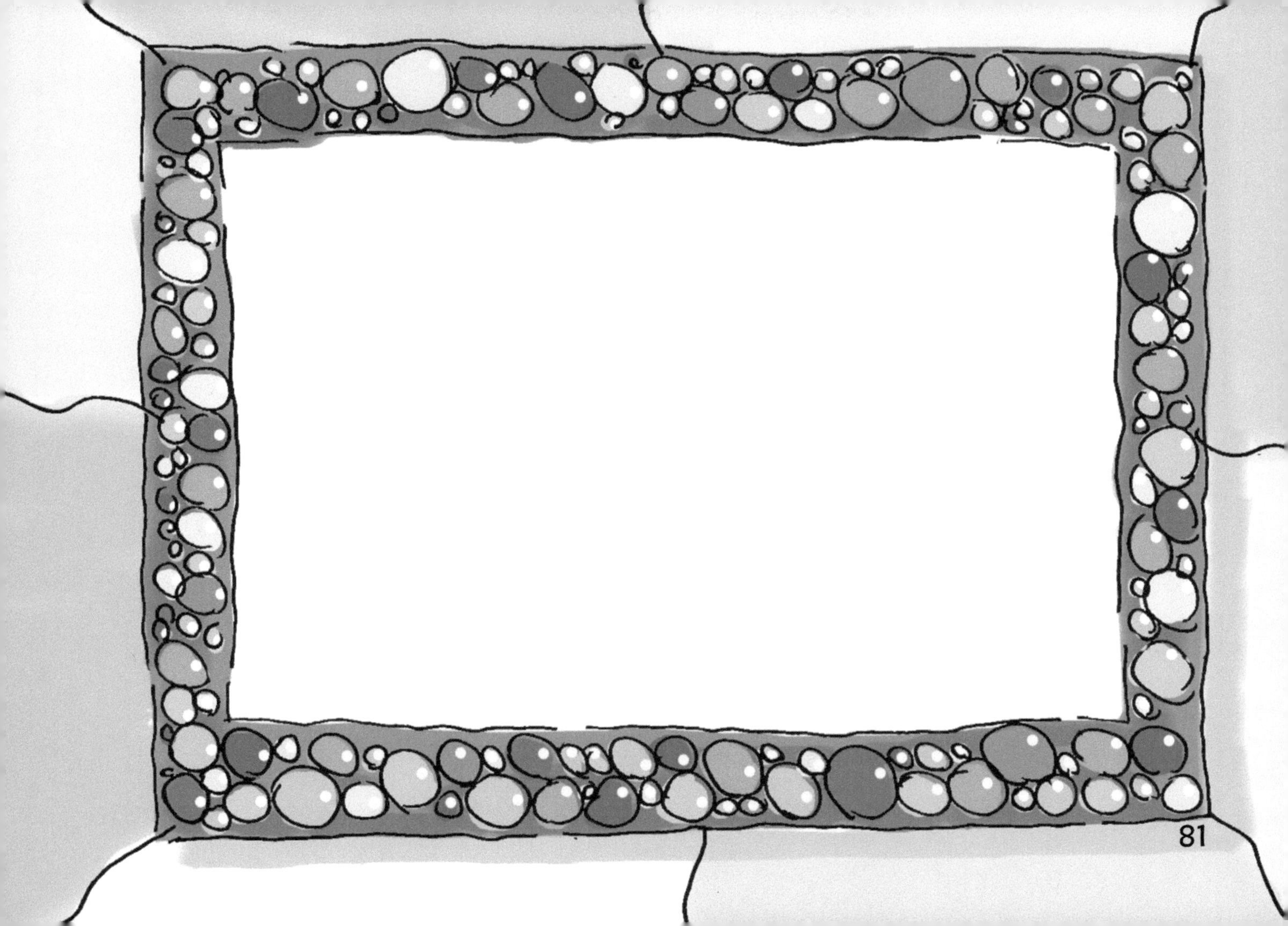

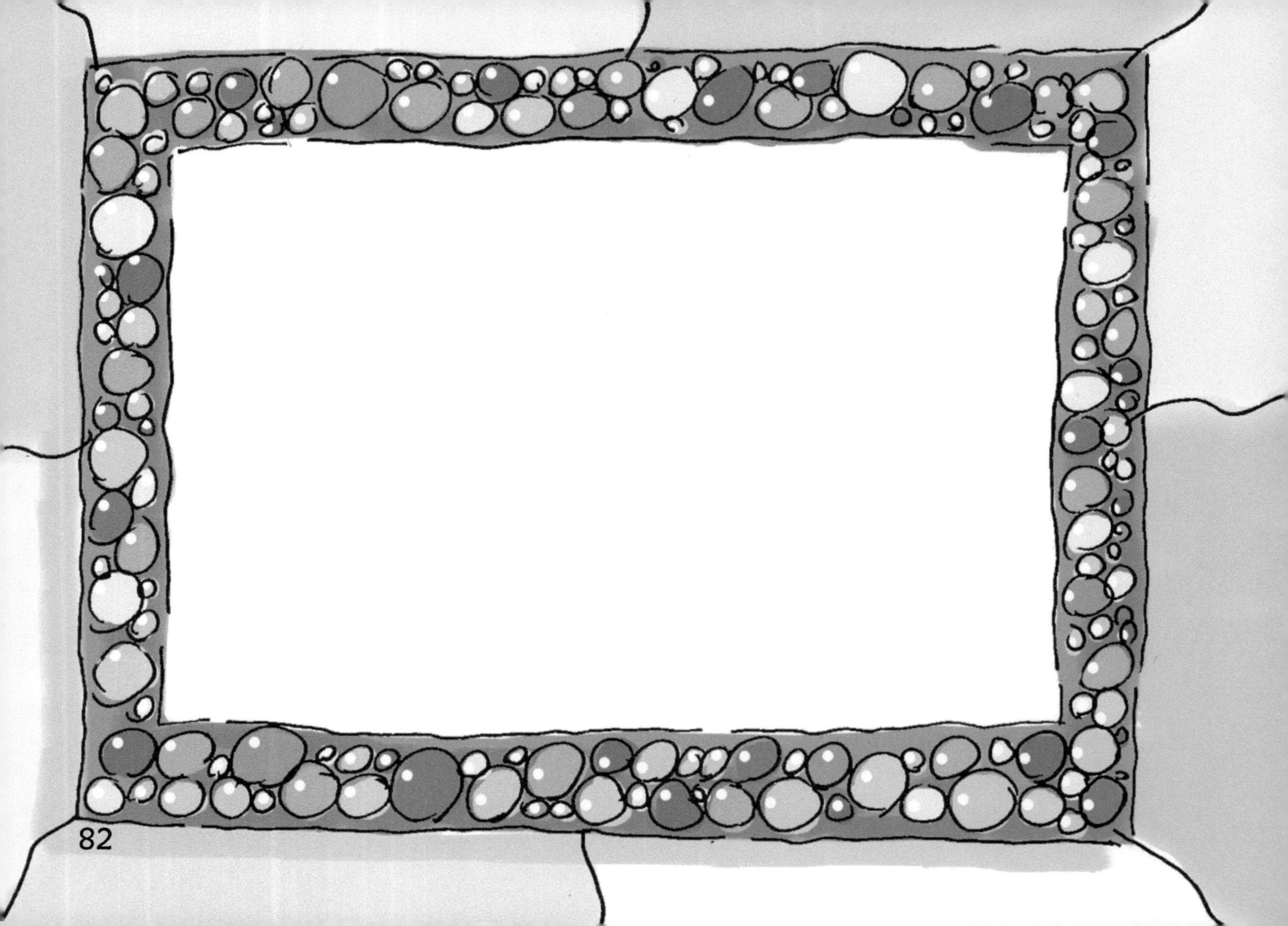

Du weißt nun, dass aus einem Streit manchmal ein Konflikt wird. Wenn ein Konflikt „eskaliert“, kann sogar Gewalt entstehen. Sei stark und löse Streitereien und Konflikte in deinem Umfeld gewaltfrei, bevor Personen oder Dinge zu Schaden kommen!

Ich warte nun darauf, dass du mich bunt anmalst, ausschneidest und auf Karton klebst. Meine Kärtchen helfen dir dabei, Gewalt zu vermeiden – vor, während oder nach einem Konflikt.

MUTIG SEIN

PROBLEME ANSPRECHEN

RESPEKTVOLL SEIN

AUSREDEN LASSEN

VERSTÄNDNIS ZEIGEN

VERZEIHEN

STARK SEIN

STOPP SAGEN

SICH EINEM ERWACHSENEN
ANVERTRAUEN

SICH EINER FREUNDIN/EINEM
FREUND ANVERTRAUEN

Mag. Sigrun Eder hat 2008 bei der edition riedenburg die Buchreihe „SOWAS!“ gegründet. Sie arbeitet am Uniklinikum Salzburg. Als Klinische Psychologin, Systemische Familientherapeutin sowie Säuglings-, Kinder- und Jugendlichen-Psychotherapeutin ist sie an der Universitätsklinik für Kinder- und Jugendpsychiatrie sowie am Institut für Klinische Psychologie der Universitätsklinik für Psychiatrie, Psychotherapie und Psychosomatik der PMU tätig. www.sigruneder.com

Hannah-Marie Heine ist Kinder- und Jugendlichen-Psychotherapeutin in Ausbildung und Heilpädagogin. Sie arbeitet in der Frühförderstelle Bruchsal. Neben ihrer Arbeit liebt sie das Schreiben. Gemeinsam mit Sigrun Eder hat sie bei edition riedenburg bereits „Rosa und das Mut-Mach-Monsterchen“ veröffentlicht.

Evi Gasser lebt und arbeitet als freischaffende Grafikerin und Illustratorin in Kastelruth. Für verschiedene Verlage hat sie bereits erfolgreich mehrere Kinderbücher illustriert. Sie zeichnet Adventskalender, Glückwunschkarten, Malbüchlein und vieles mehr. www.evigasser.com

So fliegt der Wuschelfloh aufs Klo!
Die Geschichte vom windelfreien Spatzenkind

So gehen die Tiere groß aufs Klo!
Mit dem Wuschelfloh auf Klo-Weltreise

Lotta geht schon aufs Klo!
So bleibt die Hose sauber

Nino und die Blumenwiese
Das Bilder-Erzählbuch für Kinder, die nachts einnässen

Kacks ade!
Das Bilder-Erzählbuch für Kinder, die keine volle Hose mehr wollen

Machen wie die Großen
Was Kinder und ihre Eltern über Pipi und Kacke wissen sollen

Machen wie die Großen EXTRA
Das Mit-Mach-Heft für Klo-Könige und Klo-Königinnen

Herr Kacks und das Pi
So landen großes und kleines Geschäft direkt im Klo!

Nasses Bett?
Hilfe für Kinder, die nachts einnässen

Nasses Bett? EXTRA
Das Mit-Mach-Heft für Kinder, die nachts einnässen

Volle Hose
Einkoten bei Kindern: Prävention und Behandlung

Volle Hose EXTRA
Das Mit-Mach-Heft mit Kack-Tagebuch

Wie war es in Mamas Bauch?
Das Bilder-Erzählbuch für alle kleinen und großen Leute, die auf Zeitreise gehen wollen

Felix und der Sonnenvogel
Das Bilder-Erzählbuch für Kinder, die getröstet und beschützt werden wollen

Rosa und das Mut-Mach-Monsterchen
Das Bilder-Erzählbuch für Kinder, die mutiger sein wollen

Annikas andere Welt
Das Bilder-Erzählbuch für Kinder psychisch kranker Eltern

Zoff in der Schule
Das Bilder-Erzählbuch für cleveres Streiten und Versöhnen

Konrad, der Konfliktlöser
Clever streiten und versöhnen

Konrad, der Konfliktlöser EXTRA
Clever streiten und versöhnen daheim und unter Freunden

Konrad, der Konfliktlöser EXTRA
Clever streiten und versöhnen in der Schule und woanders

Annikas andere Welt
Hilfe für Kinder psychisch kranker Eltern

Annikas andere Welt EXTRA
Das Mit-Mach-Heft für deine Gedanken und Gefühle

Pauline purzelt wieder
Hilfe für übergewichtige Kinder und ihre Eltern

Jutta juckt's nicht mehr
Hilfe bei Neurodermitis – ein Sachbuch für Kinder und Erwachsene

Lorenz wehrt sich
Hilfe für Kinder, die sexuelle Gewalt erlebt haben

Annikas Gute-Laune-Buch
Für mehr gute Laune in deinem Leben

Mein ganzes Jahr mit Annika
Das Kalender-Tagebuch für deine Gedanken und Gefühle

Karim auf der Flucht
Das Bilder-Erzählbuch für heimische Kinder und ihre neuen Freunde von weit her

Wilma und die Windpocken
Das Bilder-Erzählbuch für Kinder, die Windpocken haben oder mehr darüber wissen wollen

Woanders hin?
Das Bilder-Erzählbuch für Kinder, die nicht zu Hause wohnen

Ilvy schläft gut
Schlafen lernen mit System – inklusive Schlaf-Tagebuch

„Ilvy schläft gut" richtet sich an Kinder ab sechs Jahren, die nachts besser einschlafen und durchschlafen wollen. Es unterstützt sie dabei, ihr Verhalten vor dem Zubettgehen bewusster wahrzunehmen und Wege zu finden, um garantiert besser zu schlafen. Die Mit-Mach-Seiten im Anschluss an die Geschichte laden dazu ein, den eigenen Schlaf durch kreative Lösungen gezielt zu verbessern.

Was brauchst du?
Mit der Giraffensprache und Gewaltfreier Kommunikation Konflikte kindgerecht lösen

Emil Erdmännchen möchte mit seiner Familie und seiner Freundin Carla Chamäleon einen Ausflug zum himmlisch duftenden Beerenstrauch machen. Doch Carla Chamäleon hat keine Lust, und Emil Erdmännchen versteht nicht, wieso. Bevor es zum Streit kommt, taucht Gino Giraffe auf. Was für ein Glück! Gino Giraffe erklärt Emil Erdmännchen und Carla Chamäleon ihre Bedürfnisse. Auch Mia Maus, Balduin Bär, Pedro Pfau, Martha Maulwurf und einige andere Tierkinder kommen sich mit dem, was sie brauchen, in die Quere. Gino Giraffe ist immer zur Stelle und zeigt ihnen, was genau für sie im Moment wichtig ist.

Das fröhlich illustrierte Bilder-Erzählbuch „Was brauchst du?" im handlichen A5-Format unterstützt Kinder dabei, Gefühle und Bedürfnisse zu erkennen, um für jeden eine passende Lösung zu finden. Die Gewaltfreie Kommunikation (GFK) hilft dabei, Konflikte zu lösen.

Zahlreiche, auf gut beschreibbarem Papier gedruckte Mit-Mach-Seiten zum Malen, Aufschreiben und Reden im Anschluss an die Geschichte befähigen junge LeserInnen dazu, sich selbst und andere besser zu verstehen.

Als Bonus-Material gibt es die Tiere und ihre Bedürfnisse zum Ausmalen und Ausschneiden. Auf Karton geklebt können Kinder so ihre eigenen Bedürfniskärtchen basteln und Lösungen für Konflikte finden.

Abschied von Mama
Das Bilder-Erzählbuch zum Trösten und Erinnern für Kinder, die ihre Mama verlieren

Papa in den Wolken-Bergen
Das Bilder-Erzählbuch für alle Kinder, die ihren Papa verloren haben

Ade, geliebte Amelie!
Das Bilder-Erzählbuch vom Älterwerden und Sterben